Klaus Bredenack

Hochsensibel
Das Leben meistern als HSP –
Hochsensibilität verstehen

Mit Bonustipps: Hochsensibel im Beruf

„Deine Schwäche zu zeigen heißt, Dich
verletzbar machen. Dich verletzbar
machen heißt,
Deine Stärke zu zeigen."

(Criss Jami)

Inhaltsverzeichnis

Vorwort

Dass ein Mensch sehr sensibel sein kann, ist jedem bekannt. Doch was ist Hochsensibilität und warum ist es so wichtig, sich mit dem Thema auseinander zu setzen?

Die Motivation, sich diesem Buch zu widmen, liegt darin, dass viele Menschen gar nicht wissen, was das ist oder wie man damit umgehen kann. Betroffene und Nicht betroffene Menschen sollten sich dennoch über dieses Thema informieren. Die vergangenen Jahre haben bewiesen, dass es mehr hochsensible Menschen gibt, als bisher bekannt war. Selbst die Wissenschaft hat sich des Gebiets angenommen und findet immer neue Phänomene heraus, die erforscht und entdeckt werden wollen.

Sich anders zu fühlen, als andere Menschen ist ein weit verbreitetes Gefühl der Menschheit. Die Hintergründe zu erfahren steckt jedoch noch in den Kinderschuhen.

Du kennst dieses Gefühl? Hast du dich schon einmal gefragt, woran das liegen kann? Ist es nur ein Gefühl oder steckt da ein Phänomen dahinter? Jeder Mensch ist etwas Besonderes und jeder Mensch hat versteckte Eigenschaften und Fähigkeiten, die sich erst im Laufe seines Lebens zeigen. Doch sollten wir uns davon nicht unterkriegen lassen, sondern es als Dankeschön annehmen und leben lernen.

Bei Kindern spricht man von Gaben und Fähigkeiten, die sie mit in ihr Leben bringen. Doch auch Erwachsene haben Gaben und Fähigkeiten, die nur nicht in früher Kindheit gefördert wurden, sondern erst im Alter ihre Möglichkeiten entfalten. Es ist nie zu spät, sich seiner eigenen Eigenschaften, Fähigkeiten und Begabungen bewusst zu werden und diese für sein Leben zu verwenden.

In diesem Buch widmen wir uns den Themen Hochsensibilität und Hochsensitivität. Beides hängt mit den eigenen Fähigkeiten und Eigenschaften zusammen. Doch lies selbst, was es damit auf sich hat und mach dir dein eigenes Bild.

Was ist Hochsensibilität?

Definition und allgemeine Informationen

Hochsensibel bedeutet, dass ein Mensch überempfindlich und energetisch sehr empfänglich ist. Betroffene Menschen nehmen ihre eigenen Sinne deutlich wahr und spüren sie intensiver als manch ein anderer Mensch. Das Verarbeiten und Reagieren auf bestimmte Reize der Sinne erfolgt intensiver und wird tiefgründiger betrachtet und gewertet.

Eine neurowissenschaftliche Definition ist nicht möglich, da die Energielehre zu viele Fragen offenlässt. Wissenschaftlich gilt ein hochsensibler Mensch als ein Phänomen, dessen Begabung auf tiefgründige Ursachen zurückzuführen sein kann.

Die Erscheinungsformen der Hochsensibilität sind weit gestreut, da sie auf allen Sinnesebenen verstärkt vorhanden sind. Die Wahrnehmung ihrer Sinne ist stärker und detaillierter. Die Intensität der Stimmungen von Mitmenschen und dem Umfeld werden verstärkt und ganz anders wahrgenommen.

Und doch: Das intensive Empfinden ist nicht das Einzige, was die Wahrnehmung bei der Hochsensibilität ausmacht. Durch das intensive Empfinden und Erleben liegt eine ausgeprägte subtile Wahrnehmung vor, das heißt, die Gedankengänge und die Phantasien sind vielschichtiger und breiter gefächert. Die Empfindsamkeit kann auch Nachteile mit sich ziehen. So ist ein hochsensibler Mensch schmerzempfindlicher als andere. Aufgrund seiner vielschichtigen Phantasie und der erweiterten Gedankengänge kommt es nicht selten vor, dass diese Menschen eine hohe Begeisterungsfähigkeit besitzen.

Die Eigenverantwortung und der Wunsch nach Unabhängigkeit, der sich sehr früh entwickelt, ist keine Seltenheit und wird oft unterschätzt. Das Langzeitgedächtnis ist sehr ausgeprägt, so dass psychosoziale Feinwahrnehmung wie die Befindlichkeiten, Stimmung und Emotion anderer Menschen leichter und detaillierter erkannt werden können. Dadurch sind sie durch die Stimmungen anderer Menschen stärker beeinflussbar und das ausgeprägte intuitive Denken führt häufig dazu, dass sie die Fähigkeit lateralem und multiperspektivischem Denken Freiraum geben.

So entsteht ein langer emotionaler Nachklang von erlebten Situationen. Das Denken in größeren Zusammenhängen und Dimensionen ist keine Seltenheit, aufgrund des ausgeprägten Altruismus, Gerechtigkeitssinns und einer starken Werteorientierung. Durch das intensive Erleben, speziell von Kunst und Musik, liegt die Neigung vor zur hohen Selbstkritik und zum Perfektionismus.

Wissenschaftlich gesehen ist die Hochsensibilität noch ein sehr unangetastetes Gebiet und erst in den Anfangsstadien der Erkenntnisse. Elaine N. Aron ist eine Wissenschaftlerin, die Anfang der 90er Jahre die Existenz der Hochsensibilität erstmals wissenschaftlich belegen konnte. Mit den Jahren hat man festgestellt, dass es immer mehr hochsensible Menschen gibt und dadurch die Möglichkeit erweitert, dieses Gebiet zu erforschen.

Menschen, die wissen, dass sie anders sind als andere Menschen, werden oft von der Gesellschaft ausgeschlossen oder abgegrenzt. Doch aufgrund der Vielzahl an Menschen, die sehr lange mit diesem Gefühl lebten, hat sich eine gewisse Toleranz in der Gesellschaft eingeschlichen. Dennoch werden viele hochsensible Menschen ablehnend bewertet, obwohl es dafür keinen triftigen Grund gibt. 15 bis 20 Prozent der Bevölkerung weisen eine ausgeprägte Empfindsamkeit und Empfindlichkeit in verschiedenen Bereichen auf.

Das kann die Wahrnehmung, das Nervensystem oder auch das Temperament betreffen. Alle Bereiche können körperliche, seelische und geistige Auswirkungen haben.

Oft stellt sich die Frage, ob man wirklich hochsensibel ist und wie man selbst damit umgehen kann.

Im Laufe der Jahre hat die Wissenschaft festgestellt, dass es verschiedene Arten von Hochsensibilität gibt. Es bezieht sich auf verschiedene Bereiche, in der hochsensible Menschen eingestuft werden können. Dazu gehört der sensorische, emotionale und kognitive Bereich.

Sensorisch hochsensible Menschen

Sensorisch hochsensible Menschen besitzen Fähigkeiten, die im Bereich der Sinneswahrnehmung außerordentlich intensiv und detailliert ausgeprägt sind. Geräusche, Stimmen und Töne werden schneller, intensiver und detailgetreu aufgenommen und eingehender verarbeitet. Gerüche und Geschmackseindrücke sind besonders stark ausgeprägt und die Wahrnehmungsfähigkeit von Licht, Farben, Formen, Muster, Ästhetik und anderen optischen Sinne ist komplexer und von einem feineren Tastsinn begleitet. Aufgrund besonderer Empfindlichkeit gegenüber der Sinneswahrnehmung können diese Menschen oft mit Reizüberflutung rechnen.

Emotional hochsensible Menschen

Bei emotional hochsensiblen Menschen sind die Feinheiten im zwischenmenschlichen Bereich sehr ausgeprägt, wodurch sie über große Empathie verfügen. Diese Menschen sind prädestiniert dafür, dass sie hilfsbereit und besonders gute und genaue Zuhörer mit zwischenmenschlicher Intuition sind, die mitfühlend und meist ausdauernd sind. Das mit Empfinden der Stimmungen und Probleme ihrer Mitmenschen kann schnell zu einer Last oder Überforderung führen. Durch die Reaktionen auf diverse Untertöne des Gesprächspartners, die sogenannte nonverbale Kommunikation, werden die laut ausgesprochenen Botschaften stärker wahrgenommen als bei anderen Menschen. Mit emotional hochsensiblen Menschen ist nicht immer leichtes umgehen, da sie sich nicht von Worten, sondern von den Emotionen der Situation führen lassen.

Kognitiv hochsensible Menschen

Das starke, intensive Gefühl für Logik und der Wahrheit ist bei kognitiv hochsensiblen Menschen sehr ausgeprägt. Sie haben komplexes Denken in größeren Zusammenhängen von lateralem und multiperspektivischem Umfang. Diese Begabung wird oft auf wissenschaftlichen und technischen Gebiet eingesetzt, wo die vielschichtigen Gedankengänge und das komplexe Denken gefordert und erwünscht ist. Im Alltag gibt es unterschiedliche Probleme, weil diese Menschen aufgrund des komplexen Denkens zum Perfektionismus neigen und ihre Schlussfolgerungen meistens schwer nachvollziehbar sind.

Interview: Erfahrungen einer stolzen Mutter

Bei der Recherche zu diesem Buch habe ich mit vielen Betroffenen gesprochen und freue mich, dass sich die Mutter eines hochsensiblen Kindes bereit erklärt hat, das Interview mit ihr hier abdrucken zu lassen, damit andere Angehörige in der Lage sind, einfacher nachzuvollziehen, wie man mit Hochsensibilität umgehen kann. Dafür nochmals vielen Dank, liebe Yvonne W.

Ist dir der Umgang mit hochsensiblen Menschen von Anfang an leicht gefallen?

Nein. Der Umgang mit hochsensiblen Menschen ist alles andere als leicht. Ich bin stolze Mutter eines hochsensiblen Sohnes und kann heute mit 12 Jahren Erfahrung sagen, dass er mich immer wieder vor neue Herausforderungen gesetzt hat.

Wie drücken sich diese „Herausforderungen" aus?

Ein hochsensibler Mensch möchte mehr Hintergrundwissen zum Leben an sich haben und stellt daher viele Fragen, worüber die meisten Menschen nicht einen Gedanken daran verschwenden. Doch es sind nicht nur die Fragen, sondern auch das Empfinden dieser Menschen ist sehr ausgeprägt. Sie spüren Situationen intensiver und reagieren empfindlicher auf wechselnde Gegebenheiten.

Wie gibst du dann Antworten auf die Fragen deines Sohnes?

Es ist nicht immer leicht, die richtigen Worte zu finden. Wenn wir drei Erklärungen für ein Wort haben, findet ein hochsensibler Mensch mindestens fünf Erklärungen dafür. Dadurch können schnell Missverständnisse entstehen, die der Seele Wunden zufügen können. Ich habe den Vorteil, ich kenne meinen Sohn sehr gut, doch wie sieht es bei Menschen aus, mit denen man nicht so viel Lebenszeit verbracht hat?

Was rätst du anderen Betroffenen beziehungsweise ihren Angehörigen?

Prinzipiell sollte man sich immer überlegen, wie sensibel man mit seinen Mitmenschen umgeht. Doch jede Vorsicht bringt nichts, wenn der hochsensible Mensch alle Worte auf die Goldwaage legt. In einem Umfeld, in dem das Vertrauen aufgebaut und der Umgang miteinander eingespielt ist, können hochsensible Menschen ihr Potenzial nutzen, um sich und ihr Umfeld bei der weiterentwickeln zu können. Wichtig ist, frühzeitig herauszufinden, in welchen Bereichen sich die Hochsensibilität befindet, damit diese Bereiche altersentsprechend gefördert werden können.

Wo siehst du die größte Gefahr im Umgang mit hochsensiblen Menschen?

Hochsensible Menschen haben oft das Gefühl, nicht ernst genommen zu werden. Was sich besonders bei Kindern auf das Selbstbewusstsein auswirkt. Jeder hochsensible Mensch ist ein Individuum und demzufolge nicht in gewisse Schubladen zu stecken. Das ist das Schwierige in unserer Gesellschaft. Gerade bei Kindern versucht man immer wieder, vergleiche oder altbekannte Muster zu erkennen. Doch der Mensch entwickelt sich weiter und die Kinder von heute kann man nicht mit den Kindern von damals vergleichen. Hochsensibel zu sein kann bereits in den Genen entwickelt sein und zu einer Empfindsamkeit führen, die bisher weder erforscht noch bewiesen ist. Was will man dann tun? Diese Menschen haben auch ein Recht, ihr Leben zu genießen und nicht als Experimentieropfer zu enden. Viele hochsensible Kinder haben es sehr schwer, weil die Erwachsenen ihr Verhalten meistens nicht erklären können.

Doch sollten wir nicht alle ein bisschen Weltoffener durchs Leben gehen und uns gerade von den Kindern zeigen lassen, wie schön auch die Welt als hochsensibler Mensch sein kann?

Wie gehe ich mit hochsensiblen Menschen um?

Wenn man verstehen will, wie hochsensible Menschen ticken, benötigt man viel Verständnis für die andere Person. Geräusche, Gerüche und Berührungen können für hochsensible Menschen sehr einnehmend und besitzergreifend wirken. Das kommt daher, dass das Empfinden dieser Menschen intensiver erlebt wird.

Was mit dem Umfeld beginnt, welches in der Regel ruhiger gehalten wird, um den Geräuschpegel niedrig zu halten. Auch gibt es Menschen, die Berührung in jeglicher Art nur schwer zulassen können. Bei diesen Menschen muss es sich nicht immer um hochsensible Menschen handeln, aber in den meisten Fällen ist es die Intensität die nur schwer auszuhalten ist. So gibt es noch viele Beispiele, was die nicht hochsensiblen Menschen von hochsensiblen Menschen unterscheidet.

Oft werden hochsensible Menschen als kompliziert abgestempelt. Dabei muss man sich nur mit ihnen auseinandersetzen, um sie verstehen zu können. Hochsensible Menschen übernehmen mehr Eigenverantwortung für ihr Wohlergehen als andere Menschen. Sie achten darauf, dass ihre eigenen Bedürfnisse nicht zu kurz kommen. Die Selbstverantwortung ist für jegliche Art von Menschen wichtig. Hochsensible Menschen hinterfragen jedoch schneller:

1. Wo sind meine eigenen Grenzen?
2. Wo sind meine Möglichkeiten??
3. Was tut mir gut?
4. Was erschöpft mich?
5. Wie kann ich eine Bindung mit Menschen eingehen, die anders sind als ich, mir aber wichtig sind?
6. Was kann ich tun, um mir Wichtiges in Angriff zu nehmen ohne erschöpft oder angestrengt K.O. zu sein?

Das sind nur einige Fragen, die den Alltag bestimmen und für hochsensible Menschen eine Selbstanalyse darstellen. Im Prinzip Fragen, die sich nur wenige Menschen zu sich selbst stellen.

Unterschied zwischen hoch sensibel und hoch sensitiv?

Hochsensible Menschen verfügen über fünf physische Sinne, die stärker ausgeprägt und differenzierter sind, als es bei anderen Menschen der Fall ist. Bei hoch sensitiven Personen ist dieses Phänomen noch weiter gesteigert.

Diese Menschen besitzen nicht nur die fünf physisch ausgeprägten Sinne, sondern in den meisten Fällen nutzen sie auch den „sechsten und siebten Sinn". Das jedoch kann schnell zu einer Reizüberflutung und demzufolge zum nicht-verstanden-werden führen. Menschen die sensitiv veranlagt sind, sind meistens in der Lage feinere und detailgetreuere Informationen wahrzunehmen. Hoch sensitive Menschen sind in der Regel spirituell, denn sie stellen den Energiefluss nicht in Frage.

Hellsichtig oder hellfühlige Eigenschaften werden diesen Menschen nachgesagt, die sich mit der Energielehre und der Spiritualität befassen. Sie besitzen „Ahnungen, Visionen oder andere Empfindlichkeiten", die in der Gesellschaft als nicht-alltäglich wirklich angesehen werden. Die Fähigkeiten, die man als sensitiver Mensch hat, werden meistens schon in früher Kindheit ausgebildet. Es gibt jedoch auch Erwachsene Menschen, die ihre Sensitivität erst entdecken, wenn sie ihren Platz im Leben gefunden haben.

Ob ein Mensch hochsensibel oder hoch sensitiv ist, hängt immer von den Bedürfnissen des Einzelnen ab. Hochsensible Menschen lernen mit ihrer Empfindlichkeit umzugehen, während hoch sensitive Menschen lernen mit ihren Fähigkeiten zu leben. Beide Arten von Menschen müssen jedoch sich zuerst selbst so annehmen, wie sie sind, um ihre Besonderheiten wertschätzen und leben zu können.

Hochsensible Menschen sind aufgrund ihrer Feinfühligkeit in den verschiedenen Bereichen, nicht selten in der Spiritualität finden. Das was die Wissenschaft als hochsensibel herausgefunden hat, nennt man in der Spiritualität Sensitivität. Doch was versteht man unter sensitive in der spirituellen Welt?

Sensitivität hängt mit dem Lesen von Energien zusammen. Zwischenmenschliche Emotionen verstehen zu können, kann man in der heutigen Welt mit Energien erklären. Sensitive Menschen können Energiefelder wahrnehmen, die um ihre Mitmenschen aufgebaut sind. Doch werden Energiefelder nicht nur bei Menschen erzeugt, sondern auch ausgehend von Gegenständen und Objekten. Viele Lebensberater besitzen die Gabe Energiefelder erkennen und verstehen zu können. Diese im Alltag richtig anwenden und verwenden zu können, bedarf es vieler Jahre Übung.

Oft wird die Frage gestellt, ob wir nicht alle sensitiv veranlagt sind. Diese Frage kann man definitiv mit „Ja" beantworten. Ein Mensch wird mit sehr vielen Fähigkeiten und

Begabungen geboren, die man im Laufe seiner Kindheit vergessen bzw. unerkannt untergehen. Andere nutzen ihre Gaben bereits seit der frühen Kindheit und lernen dadurch mit ihnen zu leben. Die Intuition ist dabei sehr wichtig und sollte bereits in der Kindheit sehr ernst genommen werden. Gerade bei Kindern wird oft alles als ausgeprägte Phantasie abgetan, worin verborgene Gaben und Talente schlummern. Die geistige Welt, welche oft mit Spiritualität verbunden wird, ist ein großes Feld, das wissenschaftlich nur wenig ergründet und bewiesen ist. Dennoch öffnen sich immer mehr Menschen der spirituellen Welt, um Erklärungen für ihre Situationen und Probleme zu finden.

Durch Meditationen und andere Möglichkeiten kann jeder Mensch seine Sensitivität ergründen und ausbauen. So ist es hochsensiblen Menschen möglich, sich besser im Leben zurecht zu finden. Sie fühlen sich nicht mehr allein gelassen, sondern finden in der spirituellen Welt Möglichkeiten, unangenehme Gefühle die sich nachteilig in der Gesellschaft anfühlen, zu ihrem Vorteil zu wenden. Erklärungen, die nicht wissenschaftlich bewiesen sind haben immer etwas mit sich selbst zu tun.

„Es fühlt sich gut an" oder *„Es tut mir gut"* sind zum Beispiel Sätze, die niemals wissenschaftlich bewiesen werden können. Schon allein aufgrund der Tatsache, dass es bei jedem Menschen unterschiedlich ankommt.

Ist Hochsensibilität eine Krankheit?

Anders sein als Andere heißt nicht gleich „krank sein". Die Evolution ist mittlerweile sehr weit vorangeschritten, so dass verschiedene Eigenschaften auch verschiedene Wege gewählt haben. Jeder Mensch besitzt verschiedene Eigenschaften, die einen zu etwas Besonderem machen. Man muss sich nur mit sich selbst auseinandersetzen, um diese Eigenschaften und Besonderheiten zu filtern. Doch die Erkenntnis, dass man anders ist als Andere bedeutet nicht gleichzeitig von einer Krankheit befallen zu sein.

Hochsensible Menschen sind öfter beeinträchtigt und leiden unter Irritation. Sie werden mit Diagnosen konfrontiert, die nicht in ihr Sinnbild passen. Die Gesellschaft findet dafür oft Diagnosen, die Krankheiten beschreiben. Doch Hochsensibilität ist eine Veranlagung und keine Krankheit. Bei psychischen Störungen liegt es unter anderem daran, dass das Energiefeld mit Reizen überflutet wird und demzufolge zu verschiedenen Störungsmodellen führen kann. Häufig klagen hochsensible Menschen darüber, dass sie mit depressiven Verstimmungen klarkommen müssen.

Als Mensch mit einer hochsensiblen Veranlagung ist es wichtig, klare Grenzen in seinem Leben zu setzen. Das jedoch fällt vielen Menschen schwer, was unangenehmen Begleiterscheinungen zur Folge hat. Viele Krankheiten zum Beispiel psychische Störungen generell, Depressionen, Burnout, Essstörungen, Borderline, Angststörungen, posttraumatische Belastungsstörung, AD(H)S, diverse körperliche Störung, Migräne und Allergie, sowie Unverträglichkeiten können auf hochsensible Veranlagungen zurückführen.

Ausführliche Forschungen und weitere Informationen, können weitreichend recherchiert werden. Das Feld der hochsensiblen Veranlagung ist sehr weit gefächert und in der Gesellschaft noch nicht so anerkannt, wie es eigentlich der Fall sein sollte.

Welche Mechanismen helfen, das Leben zu meistern?

In der Sozialisation und der Gesellschaft messen hochsensible Menschen oft selbst scheinbar unbedeutenden Sachen eine große Bedeutung bei. Durch den Drang der Gewissenhaftigkeit und Detailverliebtheit, sowie der Wertschätzung führen sie Gespräche und Situationen gerne mit großer Sorgfalt und einer gewissen ruhigen Atmosphäre durch.

Oft sind diese Gegebenheiten im Alltag nicht optimal, so dass sie ihr Potenzial gar nicht richtig nutzen können. Dadurch entsteht der Leistungsdruck, der schnelle Entscheidung erfordert, auf den nicht selten mit Überforderung reagiert wird. Durch das behutsame Analysieren, das Abwägen und das Urteilen bestimmter Situationen, gemessen am Ideal der Leistungsgesellschaft, sind hochsensible Menschen oft im Nachteil und werden als typische Querdenker in der Gesellschaft beschrieben.

Ihre Problemlösungsstrategien sollen nicht den gesellschaftlichen Standard entsprechen, was dazu führt, dass diese Menschen sich oft ungerecht behandelt fühlen.

Ein hochsensibler Mensch legt den Fokus seines Lebens oft in den künstlerischen Bereich. Sie verwenden die vorherrschenden Energien dazu, mit Leidenschaft sich dem Gebiet zu widmen, wo die Ideen, die Empfindungen und die Bedingungen günstig sind. Sie besitzen die Fähigkeiten, die Energien zu zentrieren und für das Anzuwenden und Einzusetzen, wozu es ihrer Meinung nach ursprünglich passt. Nicht selten werden hochsensiblen Menschen das Helfersyndrom unterstellt. Das hängt mit dem Drang der Zuwendung zusammen. Sie machen sich verdient und beliebt und bekommen dadurch die Aufmerksamkeit, die sie benötigen.

Selbst Traumata sind bei hochsensiblen Menschen keine Seltenheit. Durch das intensive Empfinden bestimmter Situationen, können die Emotionen daraus nur schwer verarbeitet werden. Ähnliche Situationen führen sie immer wieder zu den Empfindungen zurück, die sie zum Beispiel als Kind gesucht, doch nicht gefunden haben. Dann kommt es auf den Menschen an sich an. Schon allein wenn man sich mit dem Thema Hochsensibilität aus einander setzt, kann man selbst feststellen – wo die Empfindsamkeit vorliegt und sein Leben darauf ausrichten. Allerdings muss man aufpassen, dass man sich nicht darin verrennt, da es sonst leicht zu psychischen Störungen und späterer Erkrankungen führen kann.

Durch eine erhöhte Verletzungsgefahr der Gefühle bei hochsensiblen Menschen, ist es nicht leicht, den richtigen Rat zu geben. Oft wird Sensibilität mit Schwäche verwechselt. Sensibel zu sein heißt nicht schwach zu sein. Im Gegenteil – viele sensible Menschen implodieren bevor sie explodieren. Das ist für die Psyche des Menschen viel gefährlicher, als wenn man unsensibel explodieren würde. Dadurch können sich Eigenschaften ausbilden, wie zum Beispiel: schüchtern, introvertiert und schnell zu kränken zu sein.

Sich ständig allen möglichen Sinneswahrnehmungen ausgesetzt zu fühlen, kann anstrengend und erschöpfend sein. Ein hochsensibler Mensch nimmt seine Umgebung anders wahr. Stimmungen und Schwingungen werden anders aufgenommen und verarbeitet. Dabei spielt die Befindlichkeit der Menschen im unmittelbarem Umfeld eine wesentliche Rolle. Feinheiten, die einem nicht hochsensiblen Menschen nicht auffallen, sind für einen hochsensiblen Menschen unter Umständen von großer Wichtigkeit. Das Gefühl, dass etwas nicht stimmt, hängt mit den verschiedenen Schwingungen des Energiefeldes zusammen, was in dem Moment vorherrschend ist.

Das Nervensystem reagiert auf Reizüberflutungen und das passiert bei hochsensiblen Menschen schneller, als bei anderen. Oft überkommt diesen Menschen dann das Bedürfnis, sich zurückziehen zu müssen, um Ruhe in die Situation zu bringen.

Jedes Nervensystem ist anders ausgelegt und reagiert anders auf Situationen, mit denen man konfrontiert wird. So können zum Beispiel Menschenansammlungen für hochsensible Menschen zur Herausforderung werden. Aufgrund der vielen Eindrücke, Stimmungen und Schwingungen ist es schwer, den Durchblick zu behalten. Jeder Reiz des Nervensystems will in kürzester Zeit analysiert und einsortiert werden. Bei einer Reizüberflutung ist das nicht mehr möglich. So kommt es, dass sich hochsensible Menschen oft in kleinen Gruppen oder an überschaubaren Plätzen aufhalten.

Das Wohlfühlen ist sehr wichtig, denn das intensive Empfinden, Analysieren und Bewerten bestimmter Situationen oder Personen kann dem Körper sehr viel Energie entziehen und ihn somit schlapp und müde machen.

Wenn es im Detail um Gefühle wie Liebe, Angst, Kummer, Trauer, Konflikte oder Krisen geht, so ist auch hier das Empfinden sehr intensiv und anders ausgelegt. Alles wird komplexer wahrgenommen und bekommt somit ganz automatisch eine größere Bedeutung, als es bei nicht hochsensiblen Menschen der Fall ist.

Auch wenn schon viele Merkmale und Beschreibungen der hochsensiblen Menschen bekannt sind, kann ein nicht hochsensibler Mensch nur schwer verstehen, was der Hochsensible wirklich erlebt und empfindet. Darum sind immer mehr Menschen bemüht, dass Thema Hochsensibilität bekannt zu machen, damit auch dieser Menschen entspannter leben können. Dazu müssen aber noch viele Menschen lernen, andere Menschen (egal mit welchen Eigenschaften) zu tolerieren, zu respektieren und vor allem zu akzeptieren.

Des Weiteren haben hochsensible Menschen oft Schlafstörungen, da das Abschalten schwerfällt und sie von der Reizüberflutung des Tages eingeholt werden. Viele dieser Menschen müssen das Entspannen lernen, um Abschalten zu können. Viele Menschen wissen gar nicht, dass sie zu dem Kreis der hochsensiblen Menschen gehören. Oberflächlichkeit, die sich in der Gesellschaft ausgebreitet hat, ist wohl die häufigste Ursache für diese Erkenntnis.

Sollte nicht jeder selbst herausfinden wer er ist und wozu er in der Lage ist? Sind wir Menschen wirklich so einseitig geworden, dass wir vor noch wenig erkannten Phänomenen die Augen verschließen wollen? Nein – Du hast mit diesem Buch deinen Weg gewählt.

Exkurs: Welche Sinne gibt es?

Es gibt die fünf physischen Sinne:

1. die visuelle Wahrnehmung der Augen - das Sehen
2. die taktile Wahrnehmung der Haut - das Fühlen
3. die gustatorische Wahrnehmung der Zunge - das Schmecken
4. die auditive Wahrnehmung der Ohren - das Hören
5. die olfaktorische Wahrnehmung der Nase - das Riechen

Es gibt nach der Sinneslehre von Rudolf Steiner jedoch sieben weitere Sinne:

1. der Lebenssinn (die Tiefensensibilität - die eine bestimmte Wahrnehmung aus dem Körperinneren bezeichnet wie die Schmerzempfindung)
2. der Temperatursinn (das Erkennen und Wahrnehmen von Wärme und Kälte)

3. der Gleichgewichtssinn
4. der Eigenbewegungssinn (wir spüren
   unsere eigenen Bewegungen und
   nehmen sie wahr)
5. der Sprachsinn (das Erfassen des
   seelischen Ausdruckes in Lauten und
   Mimik und Gestik - Anfang der
   Empathie)
6. der Gedankensinn (Weiterführung der
   Empathie)
7. der Ich-Sinn, der die Fähigkeit
   bezeichnet, nicht nur das eigene Ich,
   sondern auch das Ich von anderen
   wahrzunehmen

Die Wahrnehmung und das Zusammenspiel all dieser Sinne läuft bei hochsensiblen Menschen noch sehr viel differenzierter, intensiver und komplexer ab als bei den nicht Hochsensiblen. Vielleicht wird das Bild jetzt schon ein bisschen klarer, warum sich ein hochsensibler Mensch ständig gestresst, müde, erschöpft (auch vom vielen Grübeln und Denken) und überfordert fühlt.

Dazu kommen noch die intensiven eigenen Gefühle und Emotionen, mit denen ein hochsensibler Mensch erst einmal fertig werden muss. Wobei in jedem Fall unterschieden werden muss zwischen positivem Stress und negativem Stress! Positiver Stress kann – auf andere Art und Weise – genauso anstrengend sein wie negativ empfundener Stress. Man könnte die Reizüberflutung bei Hochsensibilität als permanenten **„Stress der Sinne"** bezeichnen.

Bei hochsensiblen Menschen differenziert und intensiviert sich die Subjektivität der Wahrnehmung noch sehr viel mehr. Durch die Reizüberflutung der ein hochsensibler Mensch ständig ausgesetzt ist und die Gefühlsstürme die oft im Inneren der hochsensiblen Menschen toben, spielt die subjektive Wahrnehmung eine ganz große Rolle.

Laut Paul Watzlawick ist die subjektive Wahrnehmung auf die zwischenmenschliche

Kommunikation zurückzuführen. Er schreibt in seinem Buch „Wie wirklich ist die Wirklichkeit", dass es zwar zahllose sehr widersprüchliche Wirklichkeitsauffassungen gibt, die aber das Ergebnis von Kommunikation und nicht von objektiver Wahrheit sind. Der Glaube nach einer einzigen bestehenden Wirklichkeit ist laut ihm eine gefährliche Selbsttäuschung.

Bin ich selbst betroffen? – Ein Selbsttest

Es gibt verschiedene Selbsttests, mit denen man herausfinden kann, ob man ein hochsensibler Mensch ist oder nicht. Oft fragt man sich, ob alles nur Einbildung ist. In dem Fall können diese Selbsttests sehr nützlich und hilfreich sein.

Worum geht es bei einem Selbsttest?

Ein Selbsttest hat heute in der Psychologie zur empirischen Erfassung der Hochsensibilität drei Komponenten, die beleuchtet werden. Dazu gehört die Charakterisierung durch schnelles überfordert sein von inneren und äußeren Anforderungen. Bei der zweiten Komponente geht es um die Sensitivität gegenüber ästhetischen Reizen und bei der dritten Komponente geht es darum, dass sich unangenehm empfundene sensorische Erregungen auf äußere Reize in den drei Kategorien der Hochsensibilität mit verschiedenen Auswirkungen zeigt.

Anzeichen und Merkmale für Hochsensibilität

☐ Reagierst du besonders empfindlich auf Lärm und „störende" Geräusche?

☐ Reagierst du besonders empfindlich auf Helligkeit und Licht?

☐ Reagierst du besonders empfindlich auf Hitze und Kälte oder plötzlich auftretende Temperatur Unterschiede?

☐ Fühlst du dich unwohl bei kratzigen, rauen oder zu engen Textilien auf deiner Haut?

☐ Nimmst du Stimmungen und Schwingungen von anderen Menschen besonders intensiv wahr?

☐ Fühlst du die Gefühle von anderen Personen?

☐ Nimmst du deine eigenen Emotionen und Gefühle als besonders intensiv wahr?

☐ Nimmst du Dinge wahr, die anderen Menschen überhaupt nicht auffallen?

☐ Reagierst du besonders empfindlich auf Dosierungen von Medikamenten?

☐ Grübelst du viel über die unterschiedlichsten Dinge nach?

☐ Beschäftigst du dich mit einem Thema, dass dich belastet Tage oder Wochen lang?

☐ Machen dir Veränderungen in deinem Leben sehr zu schaffen?

☐ Benötigst du besonders viel Eingewöhnung oder Umgewöhnung bei neuen Situationen in deinem Leben - z.B. Umzüge, Jobwechsel, neue Umgebung usw.?

☐ Hast du nach Stresssituationen ein ausgeprägtes Ruhebedürfnis?

☐ Leidest du besonders unter der alltäglichen Reizüberflutung?

☐ Hast du oft das innere Bedürfnis dich zurückzuziehen, um dich entspannen zu können?

☐ Reagierst du besonders emotional bei wohltuender Musik oder bei entsprechenden Filmen?

☐ Bei zu viel Bewegung in deiner Umgebung, wirst du sehr leicht unruhig und nervös?

- ☐ Meidest du Menschenansammlungen?
- ☐ Benötigst du besonders viel Zeit um neue Sinneseindrücke oder erlebte Situationen für dich zu beurteilen und zu verarbeiten?
- ☐ Leidest du sehr schnell und intensiv unter Schmerzen oder fühlst dich oft krank?
- ☐ Fühlst du dich schnell überfordert?
- ☐ Leidest du unter Allergien, Nahrungsmittelunverträglichkeiten oder Autoimmunerkrankungen?
- ☐ Ist dein Denken sehr vielschichtig und komplex?
- ☐ Erfasst du Zusammenhänge spielend leicht und andere Menschen sind für dich quasi „gläsern"?

Das sind nur einige Fragen, die hochsensible Menschen mit Ja beantworten würden. So gibt es denn auch im Internet viele Selbsttests, womit man für sich selbst herausfinden kann, ob eine Hochsensibilität vorliegt oder nicht. Ein weiterer renommierter Test ist der unter www.hochsensibel-test.de.

In erster Linie heißt es immer, dass man sich mit sich selbst auseinandersetzen sollte, um zu erfahren, wer man eigentlich wirklich ist. Denn nur, wenn du selbst weißt, wer du bist und wie du tickst, hat auch dein Umfeld eine Chance, dich zu verstehen und dir mit Verständnis und Selbstverantwortung gegenüber treten zu können.

Hilfe für Betroffene – Der Weg zu sich selbst

Als betroffener, hochsensibler Mensch liegt es immer an einen selbst, wie man damit umgeht und was man daraus macht. Jeder Mensch, egal ob hochsensibel oder nicht, hat die Möglichkeit, sein Leben selbst in die Hand zu nehmen. In erster Linie sollte man sich mit seinem Gefühl auseinandersetzen. Zehn wichtige Ansätze dahingehend wären:

1. **„Ich bin wie ich bin!"** Sich selbst so annehmen, wie man ist – kann für viele Menschen schon eine Herausforderung darstellen

2. **„Ein Vergleich mit anderen Menschen ist nicht notwendig!"** Das wachsende Bewusstsein entwickelt sich dahin, dass wir uns Menschen nicht mehr vergleichen können. Jeder sollte lernen, sich selbst als Individuum zu sehen. Nur dann ist es möglich, seine eigene Lebensaufgabe

zu finden und das Leben genießen zu
können.

3. **„Die Wahrnehmung der Welt bleibt
    einzig und allein mir
    überlassen!"** Jeder Mensch hat seine
    eigene Wahrnehmung. Anpassung
    fremder Realitäten können nie die
    Eigene sein. Dessen sollte sich jeder
    bewusst sein. Doch wie ich meine
    eigene Welt wahrnehme, darüber
    sollte jeder einmal ernsthaft drüber
    nachdenken.

4. **„Ich muss mich nicht stressen
    lassen!"** Hochsensible Menschen
    benötigen oft längere Zeit, um sich
    etwas bewusst zu machen oder um
    eine Situation zu verstehen. Das liegt
    daran, dass sie in größeren
    Zusammenhängen und teilweise in
    höheren Dimensionen unterwegs sind.
    Jeder Betroffene sollte sich die Zeit
    nehmen, die er auch wirklich benötigt,

um eine Situation zu verstehen und verarbeiten zu können.

5.   **„Ich bin mein eigener Chef!"** Nur weil man anders ist als Andere, muss man sich nicht irgendwelchen Glaubenssätzen anderer Menschen unterwerfen. Mach dir bewusst, dass du der Regisseur deines Lebens bist. Du entscheidest, was zu deinem Leben dazu gehört und was du lieber raushalten möchtest. Nur so kannst du dein Leben selbst gestalten und das erreichen, was du wirklich erreichen möchtest.

6.   **„Was will mir mein Gefühl mitteilen? Wie fühle ich mich eigentlich?"** Da die Empfindsamkeit meistens nicht mit der Sprache zu tun hat, ist dieses ein Gebiet, dass man ausschließlich über das Gefühl begutachten sollte. Wie fühlt es sich an? Fühlt es sich gut an oder ist es eher ein unangenehmes Gefühl? Möchte ich dieses Gefühl in

meinem Leben haben? Wie kann ich das Gefühl beschreiben? Wie kann ich das Gefühl erzeugen oder beseitigen? Warum fühle ich das, was ich fühle? - Fragen, die bei hochsensiblen Menschen keine Seltenheit sind. Gefühle können einen Menschen überwältigen, so dass es manchmal notwendig ist, professionelle Begleitung in Anspruch zu nehmen. Dafür muss sich niemand schämen, im Gegenteil – es beweist doch, dass man sich mit seinen Gefühlen auseinandersetzen will.

7. **„Starke Seiten entdecken und richtig nutzen!"** Das Gefühl „anders zu sein" bringt nicht nur Nachteile wie Schamgefühl, Schuldgefühle oder Angstgefühle mit sich. Daraus können sich auch Stärken entwickeln. Was kann ich wirklich? Worin bin ich gut? Was zeichnet mich aus? Das sind alles Fragen, die die Stärken eines Menschen zum Vorschein bringen.

Such dir das Positive in deinem Leben heraus und du wirst auch deine Stärken schnell erkennen und sie sinnvoll zu nutzen lernen.

8. **„Meine Schwächen kann ich annehmen!"** Eine Selbstanalyse durch zu führen, ist nicht immer einfach. Seine Schwächen zu erkennen, ist die eine Sache. Doch sich selbst so anzunehmen, wie man ist – ist auch nur ein Lernprozess. Hochsensible Menschen neigen dazu, sich aufgrund ihrer Schwächen negative Gefühle einzureden bis hin zum Selbsthass, der eigentlich nicht notwendig ist. Mit Negativität kann man sich selbst blockieren und Blockaden aufbauen, die schwer allein zu bewältigen sind. Deswegen solltest du lernen, deine Schwächen anzunehmen und sie mit deinen Stärken auszugleichen.

9. **„Reflektieren hilft, Schwächen anzunehmen und Stärken zu**

erkennen!" Es gibt viele verschiedene Möglichkeiten sich und sein Leben zu reflektieren. Mit Freunden, mit professioneller Beratung und Begleitung oder mit sich selbst. Alles hat Vor- und Nachteile, sollte aber dabei helfen, sein eigenes Potential zu erkennen und sinnvoll einsetzen zu können.

10. **„Selbsthilfe – die beste Medizin!"** Wenn man sich bewusstmacht, dass gewissen Zustände wie zum Beispiel eine erhöhte Empfindlichkeit bei Verletzungen jeglicher Art zu den Gesundheitsbild Hochsensibilität dazu gehört, dann kann man ganz anders damit umgehen. Ich bin Hochsensibel – was bedeutet das für mich? Womit muss ich rechnen und was kann ich nicht vermeiden? Sich mit sich selbst auseinander zusetzen ist nicht immer ein leichter Weg. Dennoch gibt es viele Menschen, denen es dabei geholfen

hat, sich selbst so anzunehmen wie sie
sind. Sie wissen wo sie besonders
Empfindsam sind und behutsam mit
umgehen müssen. Dadurch können sie
eine gewisse Distanz entwickeln, der
zum Schutz im Alltag sehr hilfreich
und nützlich sein kann.

Hochsensibilität im Berufsalltag – Beruf gleich Berufung?!

Es gibt zwei Arten von Menschen, die hochsensibel sind. Die, die bereits ihren Beruf gefunden haben und die, die sich noch schwer tun aufgrund verschiedener Faktoren. Das wollen wir uns einmal genauer anschauen:

Den passenden Beruf zu finden, der einem Zufriedenheit und das nötige Kleingeld liefern kann, ist nicht nur für hochsensible Menschen schwierig. Aber hochsensible Menschen haben es manchmal noch schwerer, als nicht hochsensible Menschen. Dadurch, dass sie mit dem Gefühl leben, anders zu „ticken", sind die eigenen Leistungsansprüche oft sehr hoch gesteckt.

Hochsensible Menschen, die sich als solche annehmen, wissen ihre Eigenschaften und Qualitäten zu schätzen, die sie gern in ihre Arbeit und ihren Beruf einbringen möchten.

Damit sie diesen Wunsch auch Realität werden lassen können, sind folgende Punkte extrem wichtig.

- Sei dir deiner Hochsensibilität bewusst
- Erkenne die damit verbundenen Herausforderungen und entscheide, ob du dich diesen stellen wirst
- Kannst du deine hochsensiblen Persönlichkeitsanteile in deiner beruflichen Rolle integrieren und einbringen

Deine ausgeprägte und tiefe Wahrnehmungsfähigkeit wird die größte berufliche Herausforderung werden. Auch auf Stress und Belastungen reagieren hochsensible Menschen schneller und intensiver als nicht hochsensible Kollegen.

Deswegen ist es wichtig, sich vorher des alltäglichen Stress- und Belastungswahnsinns bewusst zu sein und selbst einzuschätzen, ob man dem gewachsen ist oder nicht. Die Herausforderungen bei hochsensiblen Menschen im Berufsleben liegt in erster Linie bei:

- die Entscheidung für einen bestimmten Beruf zu treffen. Trotz vieler Talente und Fähigkeiten finden sie nicht den richtigen Beruf, da sie sich nur teilweise einbringen können und dadurch das Gefühl der persönlichen Weiterentwicklung auf der Strecke bleibt.
- Zu einem Unternehmen dazu zu gehören, ein Teil dessen zu werden und aktiv in einem Team zu arbeiten. Hintergrund ist meistens das Gefühl, nicht richtig verstanden zu werden.
- Sich im Berufsleben der Fachlichkeit, ihren Bedürfnissen und der damit verbundenen Verletzbarkeit zu zeigen.

- Die Diskrepanz zwischen den Herausforderungen der beruflichen Tätigkeit und dem eigenen Wertesystem auszuhalten
- Sich seinen eigenen Wertvorstellungen treu zu bleiben, auch wenn Gegenresonanz auf sie trifft
- Die Unternehmensziele mit den eigenen inneren Zielsetzungen in sanften Zusammenhang bringen zu können.

Des Weiteren kommen die eigentlichen beruflichen Anforderungen dazu, die sich mit Komplexität, Agilität, Digitalisierung, Zeit- und Leistungsdruck und anderen Anforderungen beschäftigen. Durch die intensive Wahrnehmungsfähigkeit hochsensibler Menschen sind die Anforderungen doppelt so hoch, wie bei einem nicht hochsensiblen Menschen. Viele hochsensible Menschen reagieren auf diese Herausforderungen oft mit fatalen Folgen:

- fehlende Motivation, „Dienst nach Vorschrift", innerliche Kündigung
- innere Konflikte, die Situationen meisten verschärfen und intensivieren
- das Stressempfinden wird intensiver, wodurch die Leistungsfähigkeit und die Gesundheit beeinträchtigt werden – es besteht die Gefahr einer ernsthaften Erkrankung

Hochsensible Menschen stehen oft zwischen zwei Welten. Einerseits der Gefühlswelt, mit der die Situation kaum auszuhalten ist und andererseits der Sachzwang seinen Lebensunterhalt verdienen zu müssen. Doch ist man sich seiner bewusst und hat seine Berufung gefunden, so kann es auch für hochsensible Menschen einen angenehmen Berufsalltag geben.

Die meistens hochsensiblen Menschen haben einen Beruf, für den sie sich berufen fühlen.

Was heißt das?

Das heißt, diese Menschen wissen, wer sie sind und setzen ihre Talente und Fähigkeiten ganz bewusst auch in ihrem Berufsleben um. Diese Menschen haben sich ganz intensiv damit auseinandergesetzt, was die Anforderung und Herausforderungen ihres Berufes sind. Meistens sind hochsensible Menschen in Beratertätigkeiten vorhanden. Bei Berufen mit Berater Fähigkeiten ist es wichtig, auf zwischenmenschlichen Reaktionen eingehen zu können.

Diese Fähigkeit besitzen hochsensible Menschen aufgrund ihrer Empfindsamkeit, welche sich schwer erlernen lässt. Dadurch ist es ihnen möglich Emotionen zu deuten ohne sie bewusst ansprechen zu müssen. Hochsensible Menschen haben allerdings auch andere Fähigkeiten. Berufe im Künstlerbereich zum Beispiel Musiker, Maler, Architekten oder andere Bereiche der Kunst sind ebenfalls teilweise mit hochsensiblen Menschen besetzt.

Was heißt Berufung?

Berufung bedeutet seine eigenen Fähigkeiten und Talente zu erkennen, sie einschätzen zu können und damit seinen Alltag zu gestalten. Was kann es Schöneres geben, als seine eigenen Talente und Fähigkeiten im Berufsalltag leben zu dürfen? Das Hobby zum Beruf machen! Seine Intuition nutzen zu können, um anderen Menschen behilflich und unterstützend zur Seite zu stehen und damit sein Lebensunterhalt zu verdienen, ist der Traum vieler Menschen.

In erster Linie haben hochsensible Menschen die Begabung, sich selbst so gut einschätzen zu können, dass sie ihre Fähigkeiten und Talente zum Beruf werden lassen. Ein Psychologe zum Beispiel, setzt sich gerne mit dem Menschen an sich auseinander.

Das Erkennen verschiedener Verhaltensmuster und deren Denkstrukturen inspiriert und motiviert unter anderem einen angehenden Psychologen, diesen Beruf zu erlernen. Ein Architekt hingegen ist begeistert, von der Anziehungskraft diverser Objekte, die seine Kreativität in Schwung bringen. Musiker hingegen lassen sich von Klangwelten und deren Schwingungen inspirieren und motivieren. Mit ihren Werken erreichen sie Menschen, die ähnlich denken oder empfinden.

Oft stellt sich die Frage, warum wir unseren Beruf gewählt haben und aus welchen Beweggründen wir diesen ausüben. Die Motivation Geld verdienen ist glücklicherweise nicht mehr so weit verbreitet, wie noch vor einigen Jahren. Viele Menschen versuchen in ihrem Beruf aufzugehen und die Lebensqualität des Alltags zu steigern. Doch all das ist nur möglich, wenn man sich mit sich selbst auseinandersetzt und weiß wer man selbst ist, wie man selbst tickt und welche Fähigkeiten und Begabungen vorhanden und ausbaufähig sind.

Dazu muss man nicht hochsensibel sein, aber man sollte das Thema einmal hochsensibel betrachten.

Links und Anlaufstellen für Betroffene

- Informations- und Forschungsverbundes Hochsensibilität e.V. (IFHS)
  http://hochsensibel.org

- Hochsensibilität – Plattform für Hochsensible inkl. Test
  https://www.zartbesaitet.net

- Das Portal der Hochsensiblen
  http://www.hochsensibilitaet.ch

- Anlaufstelle für hochsensible Menschen und ihre Angehörigen
  http://hochsensiblehilfe.de

- Umfassender Selbsttest zur Hochsensibilität
  http://www.hochsensibel-test.de

Exklusive Leseprobe

Ebenfalls von Klaus Bredenack erhältlich ist
der praxisorientierte Leitfaden:

„Angst und Panikattacken überwinden"
*Ängste verstehen und bewältigen – der
praktische Panikstörung Ratgeber
Mit Checkliste: Leide ich unter einer
Angststörung?*

Nicht nur, aber gerade hochsensible
Menschen neigen aufgrund ihrer besonderen
Emotionalität dazu, Ängste (vor allem Verlust-
und Versagensängste) zu verspüren, die nicht
selten an den Rand einer Depression führen.
Wenn du dich mit diesen Herausforderungen
herumplagst, bist du herzlich eingeladen,
einen Blick in diesen hilfreichen Ratgeber zu
werfen, der exklusiv zum Vorzugspreis bei
Amazon erhältlich ist:

https://www.amazon.de/dp/B07CZ1DVB1

Um dir die Entscheidung ein wenig leichter zu gestalten, findest du hier eine kostenlose Leseprobe:

Einleitung

Schon als kleines Kind bekommen wir Angst durch unsere Eltern beigebracht. Dabei ist das Urgefühl nur eine natürliche Schutzreaktion, die uns auch heute noch im Alltag vor Gefahren bewahren soll. Wenn uns als Kind beigebracht wird, dass wir nicht an den Herd fassen sollen, weil wir uns dann verbrennen könnten, so wird in uns die Angst geschürt.

Auch die Angst vor dem herannahenden Auto ist eine Schutzmaßnahme, die Eltern ihren Kindern immer wieder aussprechen, damit dieses nicht einfach über die Straße läuft. Angstmachen und Angst haben ist also nicht unbedingt etwas Schlechtes, ganz im Gegenteil, der natürliche Instinkt bewahrt uns vor Unfällen, schützt unser Leben und schärft sogar unsere Sinne in heiklen Situationen.

Jedoch gibt es heutzutage immer mehr Betroffene, deren Leben durch übertriebene und grundlose Ängste aus dem Ruder geraten. Angststörungen sind ein weltweit verbreitetes Phänomen, dass Wissenschaftler aus aller Herren Länder zu erforschen versuchen.

Dieser kleine Ratgeber soll und wird dir helfen, bei Panikattacken Ruhe zu bewahren und dich nicht von deinen Ängsten beherrschen zu lassen.

Um die Angst zu besiegen muss man sie erst einmal verstehen und darum beschäftigen wir uns zunächst einmal mit der Angst an sich, mit möglichen Auslösern und aktuellen wissenschaftlichen Erkenntnissen, bevor es ganz konkret wird und ich dir nicht nur eine praktische Checkliste mitgebe, sondern ganz konkrete Methoden aufzeige, wie du Angst- und Panikattacken erfolgreich eindämmen kannst.

Wichtig dabei ist allerdings: Die Umsetzung der in diesem Buch enthaltenen Informationen erfolgt ausdrücklich auf eigenes Risiko. Die folgenden Tipps und Methoden ersetzen in keinem Fall den Gang zum Arzt, wenn die Beschwerden Überhand nehmen. Achte auf dich selbst.

In diesem Sinne: Nur keine Angst vor der Angst – und viel Spaß beim Lesen und Umsetzen der Praxistipps auf den folgenden Seiten.

Was sind Angststörungen?

Unter dem Sammelbegriff verstehen Mediziner und Wissenschaftler eine psychische Störung, die trotz fehlender Bedrohung beim betroffenen Patienten eine übertriebene Angstreaktion auslöst.

Obwohl Angst eine angeborene Schutzreaktion ist, kann sie Betroffenen von übertriebener Angst das Leben schwermachen. Ängste können fast in schier grenzenlosen Arten ausgeprägt sein, bekannte Phobien wie die Angst vor dem Fliegen oder Angst vor Spinnen sind sicherlich die bekanntesten, jedoch ist das Spektrum an Ängsten grenzenlos. Wird der Alltag des Patienten durch die Angst erschwert und kommt neben der psychischen Belastung auch eine körperliche Reaktion zustande, beispielsweise durch Schlafentzug, Durchfall, häufiges Zittern, etc. spricht der Mediziner von einer Angststörung.

Oft gehen diese psychischen Erkrankungen auch mit Depressionen und Angstattacken einher. Nicht selten verstecken sich Angstbetroffene hinter der Erkrankung. Aus Scham oder vor der Angst in vermeintlich brisante Situation zu geraten, isolieren sich Patienten mit einer Angststörung nicht selten zu Hause. Das soziale Leben kommt oft zum Stillstand, ein geregelter Alltag ist nicht mehr möglich. Selbst kleinste Dinge wie der tägliche Einkauf werden für den Patienten zum reinsten Alptraum.

Der Angstpatient fürchtet sich vor einer Bedrohung, die in den meisten Fällen jedoch gar nicht real existiert. Durch die übertriebene Angst kommt es zu körperlichen Symptomen einer Panikattacke. Herzrasen, Atemnot, kalter Schweiß, Zittern oder gar Schwindel sind bekannte Symptome, die den Betroffenen immer wieder ereilen.

Wichtig bei dem Auftreten von Angststörungen ist eine frühzeitige Behandlung oder Therapie, die dem

Betroffenen nicht nur hilft, die Ängste überwinden zu können, sondern auch unterstützen, wieder aktiv am Leben teilzunehmen.

Was können Auslöser für Angststörungen sein?

So vielseitig wie Angststörungen, so können auch die Ursachen ganz unterschiedliche Gründe haben. Wie Wissenschaftler herausgefunden haben, kann auch die Genetik eine große Rolle bei der Entstehung von Angststörungen sein. So gibt es Stimmen von Forschern, die der Ansicht sind, dass übertriebene Ängste vererbbar sind. Abschließende Studien dazu sind bislang noch nicht existent.

Viele Faktoren kommen zusammen

Was Wissenschaftler aber generell zur Thematik sagen könne, ist der Faktor, dass bei der Entstehung von Angststörungen unterschiedliche Faktoren zusammen ein Ganzes ergeben. So kann ein Mensch, der ohnehin schon ein zu wenig ausgeprägtes Selbstbewusstsein besitzt, durch eine bestimmte Situation (zum Beispiel ein Missgeschick in der Öffentlichkeit und das folgende auf sich ziehen von Gelächter der Menschen) eine Angststörung hinaufbeschwören. Nicht selten ist dann die beängstigende Situation letztendlich der Auslöser, der diese, schon lange gehegte Erkrankung ans Tageslicht fördert.

Bedrohliche Erlebnisse erzeugen Belastungsstörungen

Auch wer Zeuge eines Unfalls geworden ist, ist anfälliger für diese Form der psychischen Erkrankung. Wird nach einem traumatisierenden Erlebnis nicht rechtzeitig therapiert, kann die Entstehung von Angststörungen selten aufhalten. Auch wenn diese psychische Erkrankung nicht direkt bemerkbar ist, als Belastungsstörung erschwert sie den Patienten das Leben. Besonders häufig ist die Belastungsstörung im amerikanischen Raum bei Soldaten zu erkennen. Kehren die Mitglieder der Armee nach einem Kriegseinsatz zurück zu ihren Familien, wird sehr häufig festgestellt, dass die Bilder des Krieges eine große psychische Veränderung beim Geschädigten hervorgerufen haben.

Hier kann schon das kleinste Geräusch die schrecklichen Erlebnisse aus dem Kriegsgebiet ins Gedächtnis hervorrufen, der heimgekehrte Soldat erinnert sich unterbewusst an das Erlebte und bekommt Angst. Durch diesen Flashback erlebt er immer wieder die beängstigende Situation und kapselt sich meist mehr und mehr in seine eigene Welt. Situationen die solche Erinnerungsschübe hervorrufen (können) werden von dem Patienten immer mehr gemieden, der Alltag wird immer mehr zur Zerreißprobe.

Erlernte Angst

Schon Kindern kann die Angst sprichwörtlich eingeimpft werden. Hat die Mutter zum Beispiel große Angst vor Spinnen (Arachnophobie) und projiziert diese Furcht auch auf das Kind, so ist es nicht selten der

Fall, dass das Kind im späteren Leben ebenfalls große Angst vor den achtbeinigen Krabbeltieren verinnerlichen wird.

Psychische Erkrankungen

Erkrankungen wie Depressionen, die für ein komplexes Zusammenspiel in den einzelnen Hirnarealen sorgen, können die Entstehung von Angsterkrankungen begünstigen. Nicht selten sind Menschen mit Depressionen auch von großen Ängsten geplagt. Andersrum aber kann eine Angsterkrankung aber auch eine depressive Verstimmung als Folgeerscheinung bedeuten.

Missbrauch von Medikamenten, Alkohol und/oder Drogen

Substanzen, die in den Stoffwechsel des Gehirns eingreifen, können das Hirn nicht nur langfristig schädigen, sondern auch Phobien auslösen. Durch die veränderte Wahrnehmung von Suchtfördernde Substanzen wie Alkohol, Drogen oder

Medikamenten entstehen nicht selten Angsterkrankungen.

ENDE DER LESEPROBE

Du möchtest mehr darüber lesen, wie du deine Panikattacken in den Griff bekommen kannst? Dann kaufe dir direkt unter diesem Link das E-Book oder Taschenbuch:

https://www.amazon.de/dp/B07CZ1DVB1

Vielen Dank

Vielen Dank, dass du dieses Buch gekauft und bis hierher gelesen hast. Ich hoffe, du konntest ein paar spannende Impulse, Ideen und Anregungen mitnehmen.

Wenn dir das Buch gefallen hat, freue ich mich über eine **positive Rezension auf Amazon**, denn so können auch andere Menschen erfahren, was dich an diesem Buch begeistert und zum Nachdenken angeregt hat.

Mir als Autor hilft dieses Feedback enorm, um auch zukünftig Bücher zu veröffentlichen, die dir einen echten Mehrwert bieten. Denn ich schreibe sie vor allem für dich!

Dein
Klaus Bredenack

Klaus Bredenack * Hochsensibel

Klaus Bredenack * Hochsensibel

Impressum und Haftungsausschluss

Die Benutzung dieses Buches und die Umsetzung der darin enthaltenen Informationen erfolgt ausdrücklich auf eigenes Risiko. Haftungsansprüche gegen den Verlag und den Autor für Schäden materieller oder ideeller Art, die durch die Nutzung oder Nichtnutzung der Informationen bzw. durch die Nutzung fehlerhafter und/oder unvollständiger Informationen verursacht wurden, sind grundsätzlich ausgeschlossen. Das Werk inklusive aller Inhalte wurde unter größter Sorgfalt erarbeitet. Der Verlag und der Autor übernimmt jedoch keine Gewähr oder Haftung für die Aktualität, Korrektheit, Vollständigkeit und Qualität der bereitgestellten Informationen. Druckfehler und Falschinformationen können nicht vollständig ausgeschlossen werden. Für die Inhalte von den in diesem Buch abgedruckten Internetseiten sind ausschließlich die Betreiber der jeweiligen Internetseiten verantwortlich.

Gedruckt von Amazon Europe, Luxemburg.

Klaus Bredenack wird vertreten durch:
Pierrot Productions, Stefan Olschewski, Bohnekampstr. 67, 45966 Gladbeck.

www.ingramcontent.com/pod-product-compliance
Lightning Source LLC
Chambersburg PA
CBHW031421250726
48656CB00002B/765